大家小小书

篆刻　王兴家

中国历史小丛书

新编历史小丛书

新编历史小丛书·史话

长城史话

罗哲文 著

北京出版集团　　贵州出版集团
文津出版社　　　贵州人民出版社

目　　录

上篇 长城的历史地位与现实意义①

"上下两千多年，纵横十万余里"，这句话具体地概括说明了长城的两个方面。一是说它延续修筑时间之长，二是说它工程之宏伟。的确，这两者在世界上其他任何地方都是难以找到的，可称得上是绝无仅有。

"不到长城非好汉"这一中国一代伟人毛泽东诗词中的诗句，已经成了中外人士、专家学者、旅游观光者们认识中国历史、了解中国文化的名言。一个中国人要认识自己的历史，如果不了解长城是难以想象的。一个外国人要了解中国，如果不了解长城也是难以想象的。因为长城所记载的中华民族上下两千多年的历史内容太丰富了，所表现的中华儿女的勤劳智慧、坚强勇敢的本色太形象了，所点缀的锦绣山河也太壮丽了。

长城的内容非常丰富，要研究的问题很多，在理论上将长城作为一门学科的"长城学"正在兴起。在实践上对长城的实地考察测绘尚未完成，需要研究的课题尚多，所做的工作还很不够。但是多少年来特别是近几十年来，各方面的专家学者、工作人员已经做了不少工作，取得了丰硕的成果。现就50多年来对长城的了解和认识，发表一些个人的意见，请教方家高明。

长城的历史地位

关于长城的历史地位、功过是非，历来众说纷纭，褒之者甚多，贬之者也不乏其人。参加论辩者有帝王将相、公侯贵族、专家学者、黎民百姓等等。他们根据各自的立场、不同的地位，发表各自的观点、意见。真可说是百家争鸣，各抒己见。

关于长城的功过与作用问题，可以说从它出现不久，争论就一直没有停止过。两千多年来虽然众说纷纭，但主要集中在两个方面：主张修长城者，认为它是安定边疆、保卫国家安全和人民生命财产之必需，代表人物有汉文帝、桑弘羊、刘向、隋炀帝、唐太宗、杜甫、赵秉文等；主张长城无用、劳民伤财者有武臣、贾山、刘安、陈琳、贯休、郑震、李东阳、康熙、乾隆等。此外还有主张长城必需，因有功当代，但不施仁政则国仍不保者，有贾谊、司马迁等等。历史上所有的论争大都处在当时的历史条件下。统治者更是出于统治的需要、统治的策略，进行评价。如清康熙、乾隆虽然口称"在德不在险"，但实际上仍然在加强武备，采取软硬兼施的两手政策，而且也修缮或增筑了一些长城关隘。

伟大的革命先行者孙中山先生，曾经对长城做过历史的较为客观的评价。他除对工程之宏大给予称赞之外，认为长城主要为当时国防之必需，有功后世，但统治者的暴政是错误的。他说："中国最有名之陆地工程者，万里长城也。……工程之大，古无其匹，为世界独一之奇观。……秦始皇虽以一世之雄，并吞六国，统一中原，……为一劳永逸之计，莫善于设长城以御之。始皇虽无道，而长城之有功于后世，实与大禹之治水等。"（见《孙文学说·知难行易》）

自孙中山以后，又有不少人对长城的历史地位与作用、功过是非予以评说。褒者有之，贬者亦有之，各持其说，各阐其由，百家争鸣，各抒己见，为长城的研究开创了大好的形势。

今就我个人的认识对长城的历史地位问题谈一点看法。关于长城的历史地位问题，我认为应分作两个问题或问题的两个方面来谈。其一是长城在历史上的作用，其二是长城所反映的历史情况，也就是它所传递的历史信息。至于统治者的暴政当另谈，本文不涉及。

一、长城，安定与和平的保障

关于长城的历史地位问题，我认为应该把它所起的作用与修长城所使用的暴力、奴役、费用等分别开来，否则就没法说清楚。两千多年来的争论，就是把这两个问题混在一起，所以永远也说不清楚。孙中山先生的"古无其匹，为世界独一之奇观"，称赞了长城本身；"一世之雄，并吞六国，统一中原"，也称赞了秦始皇的功业。"始皇虽无道，而长城之有功于后世，实与大禹之治水等"，这里所说的"始皇虽无道"，就是对秦始皇暴政之批判，而对长城之有功于后世与大禹治水之功相提并论，其评价之高可想而知。

长城是安定与和平的保障这一观点并非新创，也不是过褒，而是长城本身的功能和所起的作用决定的。两千多年来，虽然褒贬不乏其人，但长城是一种防御工程，起保卫和防御的作用这一客观事实是任何人都不可否定的。

人和动物为了自身的安全和生

存，防止自然力和敌人的侵袭，都要设防。设防有许多种，而构筑防御工事是十分重要的一种方式。如鸟兽要筑巢、挖洞或其他方法。人类最初也是利用山洞或树枝营构以防止野兽、洪水等自然侵袭的。从50万年前北京房山周口店"北京猿人"山洞遗址就可以看出，我们祖先利用自然山洞设防的情况。当然在早期，人们还主要是防止自然力的侵袭。

随着人类社会的发展，人与人之间、人群与人群之间出现了防御敌对的人与人群侵袭的需要，保卫和防御工事又有了进一步的发展。从现存的考古遗址看，挖掘深沟是一种较好的早期防御工程。如在今陕西西安半坡，距今五六千年前的原始社会村落遗址的四周，就挖掘有宽五六米，深六七米的大壕沟。这种挖沟设防的工事不仅开辟了以后几千年城市城墙、护城河的先河，而且在历代长城的修筑工程中被一些朝代所采用。如汉代和辽金时期长城的某些段落就采用了壕沟的形式。

在这里要说明一下，城市防御工程中城墙的出现，为长城的修筑提供了经验，但长城与城市的城墙也有不同之处。其一，城市的城墙不管其形状如何、大小如何都是交圈封闭的，而长城则不是交圈封闭的。其二，长城的长度较之一般城市的城墙要长得多，少者数百里，多者数千里、上万里，所以称之为长城或长垣等。其三，长城除了城墙以外，还有各种不同等级、不同大小的关隘、城堡、军营和烽火台（亦称作烽燧、烟墩等）的通信联络系统所构成的一个完整的防御工程体系。

长城这一防御工程，为什么几十个诸侯和王朝两千多年来费了极大的人力、物力、财力都要修建？其主要的原因就是它有用。褒之也好，贬之也好，都未曾影响过统治者为保卫自己国家安定与和平的需要而修筑这久经考验的最好的防御工事。即孙中山先生所说："其道安在？曰：为需要所迫，不得不行而已。"

我们在这里亦不否定有些论者提出要施仁政，"在德不在险"的主张，因为那同样也是国家安定与和平的必需，但不能因此而否定长城作为防御工程的作用。试想如果一个国家没有国防，敌人随时可以入侵，那还有什么安定可言，和平可言？更谈不到其他政治、经济、文化的繁荣与发展了。

曾经有人认为长城是中国"闭关锁国""封闭自己"的产物，这与事实不符。因为长城并不锁国，也不封闭自己。它所起的作用只是保卫和防御。公元前2世纪汉武帝时所修的河西长城，其烽燧、亭障远出西域，沿丝绸之路修筑，对保护这条对外开放大道的安全、畅通起了决定性作用，更没有丝毫的封闭可言了。

巍巍长城、绵延烽燧，坚固城防、完整体系，只能使入侵者生畏，而对受保护者则是极大的安慰。

长城作为安定与和平的保障，赫赫丰功，永昭史册。

二、逐鹿中原，金戈铁马，长城伴随着中国两千多年封建社会的兴衰行进

长城的历史地位除了它直接所起的"安定与和平的保障"这一功能之外，作为记录中华民族两千多年来的历史丰碑，它所携带的历史信息非常丰富，是其他任何一件珍贵的文物所不及的。

长城所携带的非常丰富的历史信息，深深地铭刻在这块丰碑之上，可以说是读不完的。现就中华民族历史上的大事举几例如下：

（一）中国封建社会初步形成，各国开始修筑长城

中华民族有上千万年的悠久历史，其中两千多年的封建社会比以往创造了更加辉煌的历史文化，更加丰富的物质财富。长城可以说一直伴随着封建社会的兴衰前进。数不尽的金戈铁马，诸侯争霸；多少次中原逐鹿，王朝兴灭；许多年寰宇升平，一霎时，狼烟四起；叱咤风云，离愁哀怨，说不完的往事，咏不完的史诗，都在长城身上打上了印记。

公元前11世纪（前1046年），周武王灭纣，结束了殷商高度发达的奴隶制统治，社会生产力的发展和政治的改革，为封建社会的形成创造了条件。到

了公元前8世纪—前3世纪，春秋战国之际，封建社会初步形成，长城也正是在这时开始修筑的。如《左传》上记载楚长城（方城）的一段故事说：楚成王十六年（前656年）齐国进兵攻打楚国，当齐军进至陉这个地方时，楚成王派屈完去迎敌。到了召陵地方，屈完对齐侯说：您如果真要来攻打的话，楚国有方城以为城防，汉水以为城河，足可以抵抗的。齐侯见楚国的护御工事果然非常坚固，只好收兵了。像这样入侵楚国，打到长城就被挡回去的事例还有不少，足见这时的楚长城对保卫国家安全，起过重大的作用。

以后，春秋五霸、战国七雄及一些很小的诸侯国也都相继修筑了长城，以为保卫国家安定、图强发展的条件。在长城这块历史丰碑上，刻记下了中国漫长的封建社会初期形成的过程，记下了第一桩重要的大事。

（二）第一个统一的中央集权的封建国家和第一道万里长城的并肩出现

公元前221年，秦始皇吞灭了韩、赵、魏、楚、燕、齐六个强大的诸侯，出现了中国第一个大一统的中央集权封建制国家。秦始皇为了巩固大帝国的统一和发展生产、安定生活，除了设立郡县和制定"书同文""车同轨""行同伦"，统一度量衡等措施之外，还有最为重要的一条，就是必须加强国防。否则，国防不固，敌人入侵，一切的事情都谈不上了。而当时最危险的入侵者就是北方的匈奴。匈奴当时正处在奴隶制时期，掠夺成性，其飘忽无定之游骑，顷刻而来，飘然而去。所谓："救之，少发则不足。多发远县才至，则胡又已去。聚而不罢，为费甚大。罢之，则胡复入。如此连年，则中国贫苦而民不安矣。"（见《汉书·晁错传》）对于这种情况，经过以往数百年经验的证明，修筑长城是最好的防御方法，在当时的情况下，可以说是最佳的选择，这种设防的选择一直继续了两千多年。除此之外别无他策。

秦始皇修筑的长城，为了适应大一统国家的需要，规模也大，超过了万里，被称为万里长城。中国第一个大一统国家的出现与第一道万里长城的出现，在长城这块历史丰碑上刻下了第二桩大事。

（三）多民族国家的形成、发展与多民族修筑长城相伴

中国这一统一的多民族国家的形成和发展，曾经历了漫长的岁月。其交融结合的形式是多方面的、复杂的，但突出形式的出现莫过于统治阶级王朝更替的时期。李白一首诗中写的"三川北虏乱如麻，四海南奔似永嘉"，说的是自两晋以后南北朝以来，北方民族相继入主中原，当时的中原汉族和其他民族大量南迁，形成了民族的大交融大结合。其实这种民族的大交融大结合很早就开始了，只是王朝的更替更为突出罢了。自长城出现以后，各民族的诸侯都

修长城，连秦始皇本人也非汉族，自称戎狄之人。自秦始皇以后，历代统治中国或中原地区的朝代为了保卫国家的安全，大多修筑长城，其中尤以各少数民族入主中原的朝代为多，计有北魏、东魏、北齐、北周、辽、金、元、清各朝，都大小不同地修筑长城，有些朝代修建规模甚大。如金长城其长度近万里，为长城修筑史上重大的一次，而汉族仅有汉、隋、明等朝代，远远少于少数民族修筑长城的朝代。

长城丰碑不仅铭刻了中华民族大交融大结合的历史事实，而且也是各族人民智慧和血汗的结晶。

长城作为中华民族上下两千多年的历史丰碑，它身上铭刻的历史事迹太多了，它所携带的历史信息太丰富了，不能一一列举。但其中还有一件十分重要的事情必须着重提出，即长城是我国古代军事科学史的实物史书。除了这一科学完整的防御工程体系之外，不知有多少万次战役在长城发生。不知有多少英雄、多少杰出的元戎将帅和英明指挥在长城内外演出了一幕幕惊心动魄的场面，谱写了一篇篇壮丽的史诗，需要我们从长城身上去认读、去找寻、去追思。

长城的现实意义

两千多年漫长的封建社会，随着历史的前进、社会的发展，已经成为往事，进了历史博物馆。与之同兴衰、共荣谢的长城也完成了它的历史使命，已经化干戈为玉帛，化昔日战场为锦绣河山，成了一件十分重要、无比壮观的历史文物。长城改变了原有的功能，凤凰涅槃，辉煌再现。

长城转变为历史的遗物也有一个过程。从清朝开始，初期的帝王君臣也十分重视长城的防卫作用，顺治初年就曾在今青海继明之后设置"镇"和卫所等军事建制，设总兵统领。康熙、乾隆在取得平定准噶尔叛乱等军事胜利之后，才坚定了所称的"怀柔"政策，从这时始在总的策略上下了不大规模修筑长城的决心。因而出现了康熙批评秦始皇的诗：

万里经营到海涯，

纷纷调发逐浮夸。

当时用尽生民力，

天下何曾属尔家。

以及在古北口的诗：

断山逾古北，石壁开峻远。

形胜固难凭，在德不在险。

并出现了康熙、乾隆在赴承德、围场路经古北口时与臣子们唱和诗中"但以雄关存旧迹""但留形胜壮山河"的诗句，欲把长城作为历史旧迹来保存了。当然，实际上也并非如康熙、乾隆完全所想，在他们的当时和以后，清朝也还是在一些地方利用或增修了部分长城关隘。

谈到长城的现实意义，较之300年前又有了更深的认识和更大的发展。长城现实意义的内容非常丰富，除前面已经谈到的作为历史的丰碑反映上下两千多年的中华多民族国家的历史之外，还有以下几点。

一、长城，中华民族伟大力量的象征

"起来！不愿做奴隶的人们！把我们的血肉筑成我们新的长城"，《义勇军进行曲》中雄伟庄严的嘹亮歌声，曾经在反击外来者入侵、保卫中华民族生存的抗日战争中，响彻长城内外、大河上下、大江南北。中国人民终于用血肉筑成的新的长城，打败了侵略者，保卫了中华民族，保卫了祖国的安全。这首雄壮的歌曲自新中国成立后，一直作为中华人民共和国的国歌高唱着。

长城，以它巍巍雄姿，坚强体魄，象征着中华民族伟大坚强的力量，任何敢于来犯的侵略者，都将在这一伟大的力量面前被打得落花流水，体无完肤，片甲不存。

中国人民把保卫国家安全、人民生活安定的子弟兵称为"钢铁长城"，正是这一伟大坚强力量的体现。

长城，以它雄伟的身影，坚强不屈的性格，曾经激励了中华儿女在反击外来侵略的战斗中，战胜了一个个敌人。今天，在实现社会主义现代化，建设中国特色社会主义的道路上，它仍将以它的伟大气概激励中华儿女闯过一个个难关，攻克一个个险阻，一往无前，奋勇前进。

二、长城，文学艺术的宝藏

长城，以其雄伟的气势，丰富的文化内涵，吸引招徕了古往今来许许多多的骚人墨客、诗词名家、艺匠画师以及帝王将相、戍卒吏丞、黎民百姓等等，为之挥毫泼墨、笔走龙蛇、讴歌咏唱，描绘了万里长城的雄风，写出了戍边征战、关山行旅、怀念远人、兵民疾苦、悲欢离合等丰富生活内容的诗篇，题材十分广泛。文辞有悲壮、有缠绵、有哀怨、有欢欣,格调生动高昂。长城诗词,在我国文学史上写下了极其光辉的一页。《汉书·贾捐之传》上有"长城之歌,至今不绝"之语,可见两千年前以长城为题材的诗歌已经不少了。汉末著名女诗人蔡琰(文姬)《胡笳十八拍》中的"夜闻陇水兮声呜咽,朝见长城兮路杳漫","杀气朝朝冲塞门,胡风夜夜吹边月",生动地描写了她身临长城时的亲身感受。隋代杨广(隋炀帝)《饮马长城窟行·示从征群臣》中的"肃肃秋风起,悠悠行万里。万里何所行,横漠筑长城。岂台(音yí,我之意)小子智,先圣之所营。树兹万世策,安此亿兆生",如实地描述了修长城的行动和目的。唐代长城诗歌更是异彩纷呈。如李白的"长风几万里，吹度玉门关"，王昌龄的"秦时明月汉时关，万里长征人未还"，"琵琶起舞换新声……高高秋月照长城"，王维的"劝君更尽一杯酒，西出阳关无故人"，高适的"校尉羽书飞瀚海，单于猎火照狼山"，岑参的"忽如一夜春风来，千树万树梨花开"，王之涣的"黄河远上白云间……春风不度玉门关"，等等。古代的边塞诗人、边塞词人已经成了独树一帜的诗词流派。毛泽东同志的"天高云淡，望断南飞雁。不到长城非好汉……"，"北国风光，千里冰封，万里雪飘。望长城内外，惟余莽莽；大河上下，顿失滔滔"，更是把长城与壮丽的山河景色相结合，抒发了雄壮的革命情怀。古往今来，长城诗词等文学作品之多何止千万！孟姜女的故事已成为中国民间传说故事中广泛流传的作品之一，《孟姜女送寒衣》的歌词至今仍在广泛传唱。

历代艺术家们曾为长城绘下了雄伟的形象。近代画家孙芳等许多人，以数年的时间，踏遍长城，实地写生，绘出了数十米甚至上百米的长城长卷。摄影师黄翔、何世尧、成大林等许多人数十年来孜孜不倦地拍下了长城雄奇壮丽的身影。

这里还要特别提出的是长城本身的建筑艺术。过去曾认为长城只是一种防御工程，无多少艺术可言。其实不然，长城除了它雄伟壮观、巧妙布局、因材结构等建筑艺术之外，在装饰艺术上也有很高的成就。如在墙顶与垛口的交接之处，往往砌出菱角花牙子边饰，在射孔、雷石口处做成壶门或其他雕饰，在吐水槽滴水尖等处，凡是有一隙之地，雕刻家们都不放过，大显身手加以美化装饰，使戍边将士们在巡逻守望之余有一些艺术的享受。在山西代县雁门关、大同得胜口等处敌楼的檐上现在还保存了明代雕刻家们留下的垂花门楼砖雕艺术。其雕刻之精美富丽，足可与一些皇家、王府工程相媲美。

长城所保存的文学、艺术印记，是一笔十分重要的文化艺术瑰宝。它对于我们今天欣赏文学、艺术，创作借鉴，都有重大的价值。

三、长城，旅游观光的胜地

旅游已经成为现代人们生活中不可缺少的一部分。旅游活动不仅是游山玩水而已，它还兼强健身体、增加知识、联系友情，以及进行经贸活动等综合功能。旅游在我国有着悠久的历史传统，许多杰出的旅行家本身就是著名的地理学家、文学家、艺术家，为中国的历史文化做出了重大的贡献。新中国成立之后，十分重视旅游事业的发展，特别是改革开放以来，把发展旅游事业作为政府的重点工作之一。悠久的历史文化、丰富的文物古迹是中国特色旅游的强大支柱。旅游的特点就是要身临其境、亲身感受，如果你不到长城，很难体会其雄、厚、壮。英国前首相希思在参观长城时说："中国的过去与将来，同样具有魅力。……抵达长城时，我觉得比以往从照片上、刺绣上和绘画上见到的长城更为壮观。"这说明了亲自抵达长城的重要性。"不到长城非好汉"的诗句借用得非常贴切。

新中国成立之后，为了接待全国各族人民，接待友好国家的贵宾元首，发展旅游事业，从1952年起就开始维修开放了居庸关、八达岭、山海关等处长城。其后又维修开放了嘉峪关、金山岭、慕田峪、司马台、黄崖关、九门口、玉门关、阳关等数十处地段的长城、关口、卫所、墩台、烽燧（烟墩）。在开放地段的长城还增加了相应的旅游设施，为游人提供了方便。

50多年来，到长城来旅游观光的中外游人，数以亿万计。长城不仅对旅游事业做出了巨大贡献，而且对弘扬中华民族悠久的历史文化、促进改革开放、对外文化交流和经济的发展，都起到了积极的作用。

长城的国际影响

人们往往以一个突出的成果来标志文明的进程。建筑是科学、艺术、文化的综合体，也是经济基础强大的体现，因而它成了文明进程的标志。埃及金字塔、巴比伦空中花园、阿耳忒弥斯神庙、阿波罗神像、亚历山大灯塔、摩索拉斯陵墓和宙斯神像，它们都是建筑和艺术工程。这七大奇迹，显示了公元2世纪以前人类文明的成果。万里长城在当时虽然已经修筑，但是其时中国还未与世界产生交往，因而这一伟大的奇迹，未为所知，没有列入七大奇迹之内。

到了15世纪以后，这七大奇迹除金字塔之外，已经不存，于是人们又选出了一个七大奇迹，作为中古时期文明的标志，把原来的金字塔等称作上古七奇。中国的长城已展示出纵横十万余里的雄风，此时中国与世界往来密切，理所当然地与罗马大角斗场、比萨斜塔、索非亚大教堂等被列为中古七大奇迹之一。

此后，几百年来随着中国对外交往的日益密切，许多国家的使者、科学家、旅行家、传教士等不断来华，把中国长城介绍到国外。100年来就曾有不少的外国专家学者对长城做过专题考察，写出了专著。长城的国际影响日益显著。新中国成立后，凡来中国进行国事访问的国家元首、政府官员、驻华使节，以及进行经贸往来或文化交流的各种人员、专家学者、友好人士、留学生、旅游者等莫不要到长城一览雄姿。近几年来，有许多外国朋友除了对长城进行一般的参观游览之外，还沿长城进行全面的考察，拍摄照片、电影、电视，出版了专门介绍长城的书籍。一位瑞士著名摄影家丹尼尔·施瓦茨先生（Mr. Daniel Schwartz）曾以3年的时间分期前来中国，跨崇山、越峻岭、穿沙漠、经绝壁拍摄长城的艺术照片，出版画册、制作图片，在中国和许多国家进行展览，为宣传长城做出了贡献。

当中国人到国外去访问、参观、旅游或是进行经贸活动的时候，虽然彼此并不了解，但是，只要提到中国的长城，外国人都很熟悉。长城中国、中国长城，几乎是同一语。我曾经到过亚洲、美洲、非洲、欧洲、大洋洲的许多国家访问、旅游，一谈到中国时，不管是官员、专家学者或是普通人，都知道中国的长城。我去年随全国政协代表团到埃及访问时，从总统、总理、议会议长、协商会会长到专家教授和平民，一开始会面交谈时，总是先说：长城和金字塔，把我们两个文明古国的友情联系起来了。长城在国际上的影响在中国古代历史文化遗存中，恐怕要算首屈一指了。

长城在国际上产生如此广泛的影响，其原因在于它不仅是中国历史上的伟大奇迹，而且也是人类历史上的伟大奇迹，它不仅是中国人民珍贵的文化财富，也是人类共同的文化财富。

今天，长城这一中华瑰宝、世界奇观受到加倍重视。1961年中华人民共和国国务院就已将它公布为第一批国家文物保护单位，1987年又被联合国教科文组织世界遗产委员会列入世界文化遗产名录。

有人曾经做过粗略统计，如果用修筑长城的砖石、土方来修筑一道高5米、厚1米的大墙，或是铺筑一条宽5米、厚40厘米的马路，那么这道墙可环绕地球三四十周，这条马路可环绕地球100多周。这还只是城墙的本身，如果加上关城、卫所、兵营、城堡、墩台、烽火台的砖石土方量，这道大墙和马路将绕地球几十周、上百周了，其工程量之大，可想而知。

长城作为古代建筑工程的奇迹，还不仅仅在于工程量之大，而更重要的还在于它严密而又科学的军事防御体系布局，"因地形，用险制塞"的科学设防，烽烟相望、顷刻千里的通信联络系统，以及因地制宜，就地取材，采用不同建筑材料、不同结构方式建筑的城墙和各种建筑物，还有亿万人民不畏困难的艰巨劳动。

长城是中华各民族历代先民勤劳智慧和血汗的结晶。美国前总统尼克松在参观了长城后说："我认为，你一定会得出这样一个结论——只有一个伟大的民族，才能造得出这样一座伟大的长城。"这个结论，说明了他对中国人民的高度评价。

长城的保护维修

保护文化遗产的重要意义，越来越受到各个国家和国际社会的重视。

1964年5月在威尼斯召开的第二届历史古迹建筑师及技师国际会议通过的《国际古迹保护与修复宪章》中指出："世世代代人民的历史古迹，饱含过去岁月的信息，留存至今成为人们古老的活的见证人。人们越来越意识到人类价值的统一性，并把古代遗迹看作共同的遗产。认识到保护这些古迹的共同责任。"

长城既是中国的国家级重点文物保护单位，又是世界文化遗产名录中的一项，因而对它的保护不仅受到中华人民共和国法律的保障，也受到国际遗产保护组织的关注。

自新中国成立之初就对长城的保护、维修与综合利用给予了高度的重视。从1950年开始，在中央人民政府和主管部门所发布的文物保护命令、指示、条例中都把长城作为重点项目列入，并派出专家学者对长城进行考察和重点的考古清理与发掘工作，出土了大批简牍文书和珍贵文物。在调查研究的基础上，1961年公布了山海关、居庸关、八达岭、嘉峪关4处为第一批国家级重点文物保护单位。其后，第二批、第三批又公布了玉门关长城烽燧、居延（烽燧、塞墙）、金山岭长城、兴城城墙（宁远卫城）等长城重点地段，以及关城、卫城为国家级重点文物保护单位。

目前，国家对长城的保护制定了"全面保护、重点维修、重点开放"的方针。这一方针是根据长城的规模太大，保存的情况不一，有些地段残毁过甚，根本无法恢复，也无必要全部修复的具体情况而制定的。但作为这样一件显示重要建筑工程奇迹的文物，必须全部加以保护，不要让它继续受到破坏。

长城保护的另一项重要工作，即要查清目前长城的保存情况：长城的真实长度、分布情况、位置走向、残毁程度及其历史、艺术、科学价值等等。1979年，国家文物局专门在内蒙古自治区呼和浩特市召开了长城保护研究的会议，向各有关省市布置了工作，安排了一些经费。由于长城这一"上下两千多年，纵横十万余里"的工程，其历史与现状都非常复杂，所以工作十分困难。但是在许多文物考古工作者和许多有关科研部门、大专院校专家教授们的共同努力下，已经取得了丰硕成果。地矿部遥感中心，利用遥感技术已完成了对北京市和宁夏回族自治区长城的考察研究，获得了大量科研成果。如根据遥感考察把北京市原来所知长城长度300多公里增加到了600多公里，查出了上千座宁夏境内烽火台的情况。这种新的科技的应用必将加速长城的考察研究并提高成果的质量。还有一些有志青年对长城进行徒步考察，也取得了丰硕成果。如董耀会等人对明长城进行了3年的徒步考察，并写出了专门报告，对长城研究做出了贡献。

维修长城，是保护长城的重要手段。由于长城经历了几百年，甚至两千多年的风雨侵蚀和人为破坏，已经大部残毁，尤其是早期的用土石、沙砾等材料修筑的长城几乎已经很难找出完整的段落。就是明、清修筑的砖石长城保存完好的也已不多了。据初步估测，目前保存的基本上可看出形体的长城，约占十分之一二。保存基本完整的仅百分之一二而已。就是基本完好的也需要加固维修才能开放参观。根据多年来的经验，长城的维修一直是采取"重点维修"的方针。选择的原则是根据长城本身的价值、保存完整的程度、交通的条件和是否能配合旅游开放等等。

自1952年开始，根据著名历史考古学家、文学家郭沫若先生的提议，配合接待和旅游开放，首先维修了居庸关、八达岭和山海关长城。其后又逐年维修了嘉峪关、金山岭等处长城。长城的维修不仅更好地加强了保护，而且为宣传教育、改革开放、旅游事业的发展做出了贡献。

这里要特别提到的是1984年9月，邓小平同志为《北京晚报》《北京日报》《经济日报》等等单位举办的修复长城社会赞助活动写下了"爱我中华，修我长城"的题词，把长城的保护维修推向了一个具有划时代意义的阶段。题词的重要意义是把维修长城的工作提高到"爱我中华"的爱国主义高度。10年来，在这一题词的号召下，国家对许多重点地段的长城进行了维修，如北京的居庸关、八达岭、慕田峪、司马台等处长城，天津的黄崖关长城，河北的山海关老龙头、金山岭、马兰关长城，辽宁的九门口、虎山长城，山西的雁门关，陕西的镇北台，甘肃的嘉峪关、玉门关、阳关，等等。有的是扩大了维修的范围，有的是新修开放，有的是加强了保护设施，有的则是在科学研究的基础上加以修复，重现了当年长城雄关的风貌。

在"爱我中华，修我长城"的社会赞助活动中，出现了许多感人的事迹，捐款赞助者不仅有机关、单位、企业，还有老人、青年、学生，甚至有幼儿园的小朋友，把买糖果的钱节省下来，捐给了修长城的活动。捐款的外国友人来自美国、日本、英国、法国、德国、意大利、瑞典、瑞士、希腊、澳大利亚、巴基斯坦、卢森堡等等，几乎遍及全世界，他们都说长城是人类共同的文化财富，保护长城他们也有责任。德国的汉高公司专门捐款维修了慕田峪一段长城，联合国教科文组织专门将"拯救威尼斯，维修长城"国际活动的捐款转拨北京市，维修了慕田峪一段长城。

长城的维修是一项科学性、技术性很强的工作，每一工程都是按照《文物保护法》"不改变文物原状"的规定，在专家们的指导下进行的，但在材料和工艺上也有个别不如人意的地方，现已在不断地改进。

"爱我中华，修我长城"这一具有深远意义的题词和活动，将与长城一起永耀千秋！

长城考察研究和新的发现

长城，由于历史悠久，规模宏大，"上下两千多年，纵横十万余里"的丰富内涵，许许多多的地方还未考察到，许许多多问题还未弄清楚，还在不断地探索。新发现、新情况、新的成果不断出现，围绕长城开展的各种活动，非常活跃。

一、藏区长城的考察

我曾经从100多年前一位外国人考察长城的书上，看到了他称之为西藏长城的地图和说明，长城学会副会长、老红军王定国也曾告诉我，她在长征途中，在四川青海藏区看见过长城和烽火台。于是我借出差青海的机会，曾两次对这一段过去鲜为人知的长城进行了考察。我从青海的大通沿西宁、湟中、贵德、同仁（属黄南藏族自治州）途中发现了土筑长城和敌台、烟墩、堡城等属于长城防御体系的工事，长数百公里。根据《青海省志》和有关资料记载，这道长城始建于明，清代初期曾加以利用维修，在青海设了总兵官予以统辖。在大通的长城为土筑，残存高度不等，保存较好的有六七米之高，底宽10米左右。在湟中附近，烟墩（即烽火台）林立，并在山巅保存了5个并列燃烟或举火的灶台。由于未能彻底考察，其情况还未能弄清，尚待进一步考察清楚。

二、山东齐长城的徒步考察研究

山东齐长城，是先秦长城（秦始皇长城之前）中现在有准确遗址可考、保存最好、年代最早的长城。它自山东西部古平阴（今长清境内）东至海边，全长1000多里。虽然历史文献有据，遗物尚存，但从未有人全程详细考察过。

1996—1997年，山东泰安市路宗元、孙立华等五位离退休的老人经过两年时间，进行了徒步全程考察和测绘、摄影，基本弄清了这一早期长城的历史和现状。他们还编辑了一本内容非常丰富、图文并茂的大画册并获得出版，是近年对长城考察研究的极大贡献。我曾经鼓励并支持了这一活动，对5位老人的壮举表示由衷的钦佩。

三、楚长城的考察研究

楚长城（位于河南、湖北境内），史称方城，长数百公里，是历史文献上记载最早的长城。多年来，已有不少专家学者和文物工作者进行过考察，但还有不同的意见，甚至有人否认它的存在。河南省文物局尤志远同志做了多年的考察研究工作，报告还未写出发表，近来又有不少专家和有关工作人员进行了考察研究。我因未曾参加过实地考察，不能置以可否，但我仍相信楚长城的存在是肯定的，希望能早日定论。

四、南方长城湘西边墙的发现、保护维修和开放

2000年4月间，我和建设部、国家文物局的专家与官员，为了湖南湘西土家族苗族自治州凤凰县历史文化名城的保护申报问题，在考察名城的同时，对这一段被称作南方长城的湘西边墙进行了实地考察。发现了这一段正是志书和历史文献上记载的湘西边墙。当地的文物考古工作者也早已知道这一边墙，但是未把它作为长城来看待。其实明代所有的长城都被称为边墙，并把长城分作9个军事管辖区来设防控制，称作"九边"。北京居庸关、八达岭，河北山海关，甘肃嘉峪关等都属九边之内的边

墙。明史上把一万多里的长城都称作边墙。因为这一道长城在长江之南，所以把它称作南方长城。

根据明代历史文献记载，这道边墙是为了保护湖南湘西地区苗族（归顺朝廷的）和土家等族民众，防止贵州地区称作"生苗"的苗族（反抗朝廷的）的袭扰而修筑的。其长度在历史文献上记载为380里（190公里）。清代对这道边墙十分重视，并增筑了城堡、关隘，继续驻军守御。在肯定了这道边墙即明长城的一部分之后，湖南省及其州、县的文物考古工作者，又进行了全面的考察、测绘，发现了许多城墙、关隘、城堡、碉卡，完全符合长城这一防御工程体系的规制，经过实地考察，其长度又有所增加，达五六百里之多。

为了保护和发展旅游，当地政府在省、州文物主管部门的领导和支持下，已将县城境内重点地段的城墙、碉卡按原状予以抢救保护，并于2001年5月修复竣工开放，迎接广大的国内外旅游参观者。

五、云南滇东长城埂的考察研究

在北京大学教授于希贤先生的率领下，专门成立了一个云南滇东长城的实地考察研究组，对云南滇东石林、陆良、弥勒等市县境内被称作长城埂的残垣进行了为期一年多的实地考察，取得了丰硕的成果。其修筑年代、防御功能体系尚在进一步研究中。

六、浙江临安长墙关口的考察研究

继湘西边墙南方长城和滇东长城埂的考察研究之后，浙江临安旅游等有关部门又发现了当地与安徽交界处的山岭之上的断壁残垣，并有石筑关口存在。我曾应邀前往观察。传说是五代南唐、吴越之间的墙界，但未做详细的考察研究，目前尚未能定论是否属于长城防御工程体系。

注释：

①本文原系作者2001年11月在中国香港长城学术研讨会上的发言，原题为《万里长城的历史兴衰与辉煌再创》，此次略有改动。

下篇　长城简史

长城开始修筑的时期，大约在公元前7世纪。那时正是我国历史上的春秋战国时期。由于诸侯之间互相兼并，出现了秦、楚、齐、燕、韩、赵、魏等几个大的诸侯国。各诸侯国为了防御，各自在自己的土地上修筑长城。另外还有一些小国如中山国（在今河北省中部）也修筑了长城。秦始皇以前各诸侯国修筑的长城，由于年代久远，两千多年来未加修理过。秦始皇还下令把一些关隘险阻拆除了，致遗迹难寻。这里主要根据一些并不十分准确，甚至互有出入的文献记载做简略介绍，俾对秦以前错综纷纭的诸侯长城有所了解。至于这些长城的具体位置和情况，尚待文物考古工作者的实地考察补正。

楚 长 城

根据历史记载，最早修筑长城的是楚国。楚长城在历史文献记载上被称作"方城"。《左传》上记载有这样一个故事：公元前656年（楚成王十六年），齐国要进兵攻打楚国，军队已经到了陉这个地方，楚成王派屈完去迎敌，到了召陵地方，屈完对齐侯说，你如果真想打一仗的话，楚国有方城可以作为城防，有汉水作为城池，足可以抵挡一阵子的。齐侯见楚防御工事果然坚固，只好收兵。

像这样别的诸侯国家去攻打楚国，到了方城就被阻挡而回的情况，在古代文献上还有不少记载。如《左传》上记载公元前624年（楚穆王二年），晋国的处父伐楚以救江①，到了方城，遇到息公子朱，便回去了。又如公元前557年（楚康王三年），晋国的荀偃、栾黡帅师伐楚，入侵到了方城之外，由于防御严实，没敢攻打，结果只好攻打了一下别的地方就回去了。这些情况不仅说明了楚方城在防御其他诸侯邻国侵扰上的功用，而且也说明了方城不是一般孤立城市的城垣，而是连绵不断的城防，构成了一个完整的防御工程体系。这便是长城的开始。

关于楚方城就是楚长城的记载，在古代历史文献中，得到了证实。《汉书·地理志》上说："南阳郡，叶，楚叶公邑。有长城，号曰方城。"北魏郦道元《水经注》上记载更为详细。"灢水"条上记载：叶县东面有故城一道，从犨县（今鲁山县东南50里）开始，东至灢水（今泌阳县北），达沘阳（今唐河县）界，南北联联数百里，号为方城，也称作长城。郦县也有故城一面，未详里数，号为长城，也即这一道长城的西段，其间相去600里。

关于楚长城的建筑形式，由于保

存的遗址尚未查清，目前尚不能确证，但从历史文献记载上我们还能得知一些情况。可以得出以下结论。

（一）楚长城起初是由列城发展而成的

据《水经注》"汝水"条上记载："醴水……经叶县故城北，春秋昭公十五年（前527年），许迁于叶者也。楚盛周衰，控霸南土，欲争强中国，多筑列城于北方，以逼华夏，故号此城为万城，或作方字。"所称列城即一系列依地形排列的防御性小城，以为屯兵警哨之所。城与城之间有的地方依险为屏障，有的地方筑城墙予以连接便成了巩固的长大城防。列城是长城的一种重要形式，直至后来秦汉时期的长城还大量采用了列城的形式。如汉武帝太初三年（前102年）遣光禄勋徐自为修筑了五原塞外的列城，向西北数百里到了卢朐。从古代军事学和防御工程原理来看，从相隔一定距离的列城（或是亭障、烽燧）中间逐步修筑城墙联系，发展为成千上万里的长城防线是合乎科学发展规律的。因此可以说，楚方城（或称万城）应即最早的长城。

（二）楚长城的建筑，是因地制宜，就地取材

《括地志》上说："故长城在邓州内乡县东七十五里，南入穰县，北连翼望山，无土之处，累石为固。"这种根据地形、地质情况就地取材的办法，在以后的朝代修筑的长城时，也大都是

这样的。

（三）楚长城利用山河之险以为城

《水经注》上记载郦县的一道楚长城说，这道长城的"北面虽无基筑，皆连山相接，而汉水流其南"。即在高山险阻和大江为堑的地段，利用山河作为险阻，不再修筑城墙。这种情况，在以后历代长城建筑工程中，也往往采用。这也证明了《左传》上屈完答齐桓公那段话"楚国方城以为城，汉水以为池"，不是虚构的。

楚长城的位置，根据历史文献记载，它的西头从今天湖北的竹溪县开始，跨汉水辗转至今河南的邓州市，往北经内乡县，再向东北经鲁山县、叶县，往南跨过沙河直达泌阳县。总长将近1000里。从地理位置上看，这一道长城正好处在当时楚国都城郢都的西北和东北面，对于防御较为强大的诸侯邻国秦、晋、齐、韩、魏等的进攻是恰当的。

齐　长　城

齐国也是春秋诸侯国家中修筑长城较早的一个。古代历史文献中有许多关于齐长城的记载。最早的是公元前555年（齐灵公二十七年），《左传》上记载："晋侯伐齐，……齐侯御诸平阴，堑防门而守之广里。"这是齐国在平阴修筑的一道防御工事，防门后来一直是齐长城的一道重要关口。这时是否已修起了千里长城，文献上没有明确记载，但是已经修了防御工事，是很清楚的。到公元前404年（齐康公元年），《竹书纪年》上已记载了晋烈公命韩景子、赵烈子、翟员攻打齐国，进入长城的事。《史记·赵世家》亦有赵成侯七年（前368年）侵齐至长城的话。因此，可以说齐长城至迟在公元前5世纪就已经有了。以后如《竹书纪年》上记载："梁惠成王二十年（前350年），齐筑防以为长城。"《史记·楚世家·正义》引《齐记》记载："齐宣王乘山岭之上筑长城，东至海，西至济州千余里，以备楚。"修建的记录更加清楚了。大概是从战国初年开始，到齐威王时期和稍后建筑的。

至于齐长城起讫的地点和经过的地

段，历史文献上记载得也很清楚。《水经注》："汶水，出朱虚县泰山，山上有长城，西接岱山，东连琅邪巨海，千有余里，盖田氏之所造也。"其他如《通典》《元和郡县志》《读史方舆纪要》《泰山道里记》等对齐长城所经过的地方都有记载。与现在的情况相对照，齐长城是西从今天山东平阴县北起，向东乘山岭经泰安西北，济南市莱芜区北、章丘区南，淄博市淄川区西南，临朐县南，安丘市西南，诸城市南，琅玡台北至胶南市的大朱山东入海。

现今，齐长城的遗迹在山东境内上述经过的地方还隐约可以看出，有一些地点还保存着城墙的遗址。这是春秋战国时期长城遗址保存得较多的一处。

齐长城的结构，从莱芜、泰安等地所存遗址可得知，主要有土筑和石砌两种。在平地多用黄土夯筑，在山岭或产石地点多用石块垒砌。石块多系毛石，未加工成条石或方石。现存长城厚度四五米，残高一二米至三四米不等。

中山长城

春秋战国时期，在今河北省中部正定、石家庄的西北，有一支少数民族鲜虞（属于北狄种族）逐渐强大，建立了一个强悍的诸侯小国名叫中山。它东与齐国相邻，北与燕国相接，西南与晋、赵相连，四邻都是强大的诸侯国家。中山虽然国土不大，但是民族非常强悍，经常打败晋、赵等强邻。据最近在石家庄西北的平山县三汲公社发掘出的中山国王陵墓出土的铜器看，中山国当时的冶金技术和工艺水平是十分惊人的。据《左传》记载，鲁定公三年（前507年）秋天，鲜虞曾经大败晋军于平中②地方，以后又多次打败晋、赵的军队。但中山由于四面强邻，国土又小，终因寡不敌众，在公元前296年被赵国赵武灵王的儿子赵惠文王所灭。

中山为了防御西南强邻赵、晋的袭击，也修筑了长城。《史记·赵世家》记载：赵成侯六年（前369年）"中山筑长城"。由于中山对东北的齐和燕采取联合政策，并无相犯。经常与之发生战争的是赵和晋，尤其赵武灵王把中山当作他的心腹之患。因此，中山长城的位置应在它的西南部与赵、晋交界处。根据《汉书·地理志》《括地志》和《读史方舆纪要》等记载，中山长城的位置在今河北、山西交界的地区，纵贯恒山，从太行山南下，经龙泉、倒马、井陉、娘子关、固关以至邢台黄泽关以南的明水岭大岭口，全长500多里。

魏 长 城

魏为战国七雄之一，在今河南、陕西境内。它的东面有淮、颍水与宋、齐为邻，南有鸿沟与楚为邻，西北过渭河、沿洛水与秦为邻，北与赵为邻。魏文侯即位以后，重用西门豹、李悝等人，兴修水利，发展生产，一时国力强盛，成为战国初年最强盛的国家。但是西面的秦国和南面的楚国也日渐强大起来，尤其是秦，经常对魏袭击，擒获将士，占领疆土，使魏不得不筑城设防。魏的西北又有一小部分领土与西戎相接，防秦防戎，成了魏军事上的大事。于是开始了长城的修筑。

魏长城共有两道：一是西北的防秦和防戎长城（河西长城），二是西南长城（河南长城）。

河西长城修筑的年代，据《史记·秦本纪》记载：秦孝公元年（前361年，即魏惠王九年），楚、魏与秦接界，魏筑长城自郑滨洛。《竹书纪年》上又有：梁惠成王十二年（前358年），龙贾帅师筑长城于西边。《史记·魏世家》和《史记·六国年表》载，魏惠王十九年（前351年）也有筑长城、塞固阳的举措。当是自公元前361—前351年，前后10年间陆续都在修建。《史记·匈奴列传》上记载：魏有河西上郡，以与戎界边。可知这一西北长城除了防秦之外，还同时防西戎。这道长城的位置，据《水经注》上说："渭水又东，径长城北，长涧水注之，水南出太华之山，侧长城东而北流注于渭水。"《史记》记载："秦孝公元年，楚魏与秦接界，魏筑长城自郑滨洛者也。""渭水又东，沙渠水注之，水出南山，北流，西北入长城，城自华山北达于河。"即南自华山，西北行又沿黄河西崖北行，长达1000余里。现在这道长城的遗址在陕西省境内的华阴、韩城、延安、绥德等地尚有保存。

魏河南长城，即《史记·张仪列传》上所载"秦下兵攻河外，据卷、衍、酸枣"的河外长城。《郡国志》上有：卷有长城，经阳武到密。这道长城的建筑年代，《竹书纪年》上记载为梁惠成王十五年（前355年）所筑。长城的位置，《水经注》上也有记载："阴沟首受大河于卷县。故渎东南径卷县故城南，又东径蒙城北，……故渎东分为二，……俱东绝济隧。右渎东南径阳武城北，东南绝长城……左渎又东绝长城，径垣雍城南……又东南径封丘县、绝济渎，东南至大梁。……"

"渠水……历中牟县之圃田泽，北与阳武分水……泽在中牟县西，西限长城，东极官渡。……渠水又东，不家沟水注之，水出京县东南梅山北溪……其水自溪东北流，径管城西……又东北分为二水……其一水东越长城……北入圃田泽。"根据《水经注》上所记得知这一长城自阴沟开始，经大河故渎东，在阳武跨过阴沟左、右二渎，过北济水、南济水，以经管城，往西南至于密。全长约600里。

郑韩长城

这道长城先是郑所筑，后来韩灭

了郑，继续修筑使用，而且在历史文献上，有时称韩，有时称郑，因此，把它称作郑韩长城。建筑的年代，按《竹书纪年》上记载说，梁惠成王十五年（前355年），郑筑长城，自亥谷以南。这一长城与魏的东南河外长城相合，是用来防秦的。

秦昭王长城

秦在始皇之前，已经有争霸的趋势，力图东进，统一天下。因此，在其与东南邻界诸侯国家之间，没有修筑长城的必要。但是在它的西北与强大的匈奴接界，匈奴奴隶主贵族不时南下骚扰，不仅对秦国内人民生产生活的安定有很大的威胁，而且对其东进统一天下的雄图极为不利。于是在一次打败义渠的战争中，乘胜追击，并且修筑了长城作为防御。《史记·匈奴列传》上记载：秦昭王时（前306—前251年在位）"……杀义渠戎王于甘泉，遂起兵伐残义渠，于是秦有陇西、北地、上郡，筑长城以拒胡"。又根据《史记·张仪列传》上说："立惠王为王，居一岁，为秦将，取陕，筑上郡塞。"按照《史记·六国年表》上所记，取陕的时间在秦惠文王更元初年（前324年），并且设了义渠县，说明这时已开始修筑长城，到秦昭王时才继续修筑完成。上郡原是魏的领土，魏在这里曾修筑过长城，这一条长城有些地段可能沿用魏长城之旧筑。北地在上郡之西,陇西的郡治在巩昌,距临洮不远,这一段长城应即后来秦始皇万里长城西部的一部分。它起于今甘肃的中部临洮,北达今兰州,再东行,到今宁夏的固原市境,折而东北行,到甘肃的环县、庆阳,再到陕西的郎县、延安、绥德,止于黄河边。

燕 长 城

　　燕居七国的东北部,国力甚强,版图较大。燕东濒大海,已是自然屏障,南接齐、赵,曾与秦、楚、晋合谋伐齐,大败齐师,燕军独自追至临淄城下,齐不敢犯燕。但是在燕的北面常有胡人南下骚扰，而西面则有秦国崛起，每有东进称霸之心。其间虽然还有赵国相隔，但赵也常受秦的驱使犯燕，实为大患。为了防御，燕便修筑了北长城和易水长城，以防胡和秦、赵。

易水长城据《史记·张仪列传》记载，张仪作为一个说客，向燕昭王说："秦下甲云中、九原，驱赵而攻燕，则易水长城，非大王之有也。"说明这时易水一带已筑有长城。张仪说六国连横为燕昭王元年（前311年），可知这一段长城修建的年代当在苏秦说文公合纵（前334年）至公元前311年之间。这是用来防齐、赵，保卫燕国下都——易水城的。燕易水长城的位置，《水经注》上记载甚详："易水又东届关门城西南，即燕之长城门也。……又东，历燕之长城。……又东流，屈径长城西。……又东，梁门陂水注之，水上承易水于梁门，东入长城。……易水东至文安县，与滹沱合。《史记》苏秦曰：'燕长城以北，易水以南'，正谓此水也。"《水经注》"滱水"条又记载："滱水又东北，径阿陵县故城东。……滱水东北至长城，注于易水者也。"其他如《元和郡县志》《大清一统志》等俱记载有燕易水长城的情况。其位置大致相当于今天河北省易县的西南，向东南经定兴、徐水、安新、文安、任丘之间，达于文安县东南，长500余里。

燕东北长城即位于上谷、渔阳、

右北平、辽西、辽东的长城。这道长城的修筑，历史上有一段故事：起初，燕国受到北面相邻的东胡山戎的威胁，曾把一位有名的将军秦开作为人质送给东胡，以求暂时安定。胡人对秦开很是信任。后来秦开回来，发军大破东胡，把东胡赶出1000多里以外。于是燕便筑长城，自造阳至襄平（今辽宁辽阳），并设置了上谷、渔阳、右北平、辽西、辽东五郡，用以防备东胡再度骚扰（见《史记·匈奴列传》）。这一长城修筑的年代，由于历史上对秦开没有准确的年代记载，后人根据与荆轲共同刺杀秦始皇的秦舞阳是秦开的孙子推断，当在燕孝王时或燕王喜即位初年（前254年），这是战国时最后出现的一条长城。这一长城所经的地方，约自今河北张家口东北行经内蒙古多伦、独石等境，又东经河北省围场县、辽宁朝阳，越过医巫闾山，渡辽河达于辽阳，长达2400余里。现在，这些地区还保存有燕长城的遗迹。

赵 长 城

根据历史文献记载，赵有两道长城：

（一）漳滏长城，在赵的南境

《史记·赵世家》上记载："肃侯十七年（前333年）筑长城。"又说，武灵王十九年（前307年），召楼缓谋曰："我先王因世之变，以长南藩之地，属阻漳滏之险，立长城。"这道长城主要是用以防魏的，同时因秦强大，恐其逼魏而攻，也起防秦的作用。此漳滏长城的位置在漳水北崖，今河北临漳、磁县一带，尚有遗址可寻。全长约400里。

（二）赵武灵王所筑云中、雁门、代郡长城

赵武灵王是一个敢于革新和极力推进民族文化交流的君主。他不顾贵族官僚的反对，发布了"胡服骑射"的命令，引进了有利于生活和武备的胡人方式。但是他对胡人的侵扰并不退让而是进行抗击和备战设防。修筑长城就是备战的措施。据《史记·匈奴列传》和《史记·赵世家》上记载，在赵武灵王二十年（前306年）打败了林胡、楼烦，二十六年（前300年）开发了燕、代、云中、九原这些地方。并修筑长城，东起于代（今河北宣化境内），经云中、雁门（今山西北部），西北折入阴山，至高阙（今内蒙古乌拉山与狼山之间的缺口），长约1300里。现在这一段赵长城的遗址还断续绵亘于大青山、乌拉山、狼山之间。后来秦始皇修筑万里长城的时候，曾利用了这一段赵长城的部分作为基础。

以上简单分述春秋战国时期诸侯兼并，相互争霸各自设防，先后修筑长城以为互相防卫的始末，这些长城的位置根据各诸侯国家设防的需要，或南或北，或西或东，布满了我国黄河、长江流域的广大地区。从这些长城的分布上也正可看出春秋战国时期诸侯割据、相互争战的历史情况。春秋战国时期的长城，虽然自秦统一中国之后除少部分作为万里长城的基础之外，大多已被下令拆毁，保存的遗址不多。但是它们对于研究早期长城的历史和当时的社会政治、军事等情况却具有重要的意义。

秦始皇万里长城

长城虽然在春秋战国时期即已修筑，但是由于诸侯林立，属境较小，一般小国长城都只有几百里，一些大的诸侯国家的长城也不过三四千里。万里长城之名，自秦始皇才开始，因此，人们提到万里长城的时候，往往把它同秦始皇的名字联系起来，这确属事实。据司马迁《史记·蒙恬列传》上记载："秦已并天下，乃使蒙恬将三十万众，北逐戎狄，收河南，筑长城。因地形，用险制塞，起临洮，至辽东，延袤万余里。"关于秦始皇派遣大将蒙恬修筑长城的情况，在《史记·秦始皇本纪》和当时其他的文献中均有不少记述。如《淮南子·人间训》中也有记载："秦发卒五十万，使蒙公杨翁子将，筑修城，西属流沙，北击辽水……秦之时……丁壮丈夫，西至临洮、狄道……北至飞狐、阳原，道路死者以沟量。"

可以看到，它西起于临洮。西段是秦昭王的旧长城修缮而成的。

《史记·秦始皇本纪》秦始皇三十三年（前214年）："西北斥逐匈奴，自榆中并河以东，属之阴山，以为三十四县，城河上为塞。"又记载："又使蒙恬渡河取高阙、陶山③、北假中，筑亭障以逐戎人。"可见北段是蒙恬收复了黄河河套，沿黄河、阴山设立亭障要塞的。有记载说它北面、东面沿了赵、燕的旧长城，西起高阙，东到造阳，再东行，抵达辽东。

从《史记》看到，这段长城是秦始皇三十年（前217年）伐匈奴开始，到秦始皇三十七年（前210年），二世赐蒙恬、扶苏死，共8年筑成的。

对于秦始皇修筑万里长城的评论，两千多年来，众说纷纭，有褒有贬，各抒己见。褒扬的有汉文帝、桑弘羊、唐太宗、杜甫等等。桑弘羊说："自古明王，不能无征伐而服不义，不能无城垒而御强暴也……有备则制人，无备则制于人。故仲山甫补衮职之缺，蒙公筑长城之固，所以备寇难而折冲万里之外也。今不固其外，欲安其内，犹家人不坚垣墙，狗吠夜惊而暗昧妄行也。"这一派的主张就是要备战设防，否则就不能保卫国家的安全、人民的安定。但另一方面对秦始皇修筑万里长城贬斥的也不乏其人，有汉代的贤良唐生、文学万生、贾谊、司马迁，唐代的贯休，宋代的郑震等人。这一派的意见斥责秦始皇暴虐，筑长城劳民伤财。今天，我们根据历史唯物主义的观点来分析，应该肯定秦始皇为了巩固新建的中央集权制封建国家的安全，保障中原地区较先进的农业生产和人民生活的安定而修筑长城是有积极意义的。这应是主要的一个方面。至于秦始皇作为封建统治阶级的代表人物，对劳动人民残酷压迫的一面也是应当予以批判的。

公元前221年，秦始皇统一了中国，春秋战国时期诸侯割据称雄的纷争局面宣告结束，封建专制主义中央集权的国家开始了。为了适应统一国家的需要，秦始皇采取了一系列措施，诸如设郡县，实行"书同文""车同轨""行同伦"，以及统一度量衡和其他各种统一的制度以促进政治、经济、军事、文化的发展。这些措施是巩固中央集权封建制国家所必需的。修筑万里长城即根据巩固中央集权封建制统一国家的需要所采取的一种政治军事措施。

我国自古以来就是一个多民族共存的国家，各民族统治集团之间不时发生矛盾和战争，在秦始皇时期主要的民族矛盾仍然是匈奴、东胡等北方游牧民族和中原地区以汉族为主的各民族统治集团之间的矛盾，而当时的长江黄河流域大部分地区已经处于以农业生产为主的封建社会发达阶段。农业生产需要安定经营，长期培植，才能获得好的收成。而当时的匈奴、东胡还处在奴隶制的早期阶段，匈奴、东胡等的奴隶主贵族除了残酷剥削压迫本民族的奴隶外，还经常南下掠夺财产、牲畜并掳掠人民，给中原地区人民的生产、生活造成极大的威胁。因此，秦始皇对匈奴的战争实际上是保卫进步的生产关系的战争，是有利于生产力的发展的。

秦始皇并灭六国，统一了天下，原来燕、赵等国的北部地区生产比较落后，为了发展这些地区的经济文化，巩固其统治，在北部地区设置了陇西、北地、上郡、九原、云中、雁门、代郡、上谷、渔阳、右北平、辽西、辽东等12郡，用以进行管辖，主要是进行垦殖发展农牧业经济。同时也是防御匈奴、东胡奴隶主贵族骚扰中原的一项措施。

在秦始皇并六国以后的15年中，秦朝所采取的修筑长城以防御和垦殖北方土地等措施是收到了效果的。"当此之时，匈奴单于不胜秦，北徙。"10余年不敢南下而牧马。可见筑长城在当时历史条件下，是出于防御而采取的一种较好形式。

在历史上还记载有方士向秦始皇进奏图书时说："亡秦者，胡也"，于是发大军击匈奴，并筑长城。这也有可能是秦始皇借方士之口而修筑长城，或是方士察觉了秦始皇在政治军事上的需要而献策的吧。

秦始皇修长城是统一的措施，而且拆长城也是一项统一的措施。在春秋战国时期诸侯争霸，就各自筑长城以自卫，长城成了诸侯割据的屏障，进可攻，退可守，如果让它存在就给地方割据保存了条件。因此，秦始皇在统一天下之后，立即下令拆毁内部各国的长城、关隘，"夷去险阻"。在秦始皇东巡海上到今天的秦皇岛一带时所刻《碣石门辞》上曾记述了这一件事。铭曰：

> ……德并诸侯，初一太平。隳坏城郭，决通川防，夷去险阻。地势既定，黎庶无繇，天下咸抚。男乐其畴，女修其业。

这里所说的"隳坏城郭""夷去险阻"，就是拆除六国互防长城、关隘和防御性城垣等设施。

秦始皇修筑万里长城，对于防止匈奴奴隶主的骚扰，保障北部十二郡的开发，保护中原地区经济文化的发展，是有积极意义的。但是这次工程使用的民力过多，刑法苛暴，强迫大量农民脱离生产服役。当时全国人口约2000万，劳动力不到1000万，男劳力仅500万左右，修阿房宫、始皇陵和其他宫室苑囿占去了约150万，守五岭约50万，筑长城约50万，加上其他杂役约在300万人，占全国丁男劳力的一半以上。因此，全国生产必然受到影响，人民生活更加痛苦，促使社会矛盾更为尖锐。秦始皇死后不久便爆发了陈胜、吴广的大起义，秦王朝不到20年就宣告覆灭。历史上不少人以此斥秦始皇之无道，并借一个早于秦始皇多年的"杞梁妻"，编造了"孟姜女哭长城"的故事，用来批判秦始皇和其他一些封建帝王对人民的强暴奴役。由此而来，孟姜女的故事广泛流传了1000多年，不是没有缘由的。

汉长城和亭障、列城、烽燧

秦始皇万里长城规模已经很大了，而汉代长城较之秦长城更有所发展。并筑了外长城，它们的长度达到了两万里，是历史上长城最长的一个朝代。

汉朝花如此大力修筑长城，除了军事上的防御之外，汉长城的西部还起着开发西域屯田、保护通往中亚的交通大道"丝绸之路"的作用。

汉长城首先还是为了防御匈奴。正当西汉初年，刘邦灭掉胡亥，以全部兵力消灭项羽的时候，匈奴头曼单于之子冒顿，杀掉其父并以突然袭击的方式，侵霸了友邻部落，不断南下占领了原来秦始皇时已有的土地，势力渐大。《史记·匈奴列传》上记载：冒顿大破灭东胡王，而虏其人民及畜产，既归，西击走月氏，南并楼烦、白羊河南王……与汉关故河南塞，至朝那、肤施，遂侵燕、代。是时汉兵与项羽相距，中国罢于兵革，以故冒顿得自强，控弦之士三十余万。

冒顿乘此机会南侵，大举围攻马邑，甚至"引兵南逾句注，攻太原，至晋阳下"（见《史记·匈奴列传》），已经入侵到汉王朝的内部地区了。

汉高祖刘邦对冒顿的入侵，进行

了坚决的抗击。他亲自率兵32万"从晋阳连战，乘胜北逐，遂至平城"（见《汉书·高帝纪》）。但是，由于西汉刚刚建立，政权正在巩固，不能拿出更多的兵力来远逐匈奴，因此曾一度采取了与匈奴和亲的政策。然而就在和亲的几十年中，贪得无厌的匈奴奴隶主贵族也没有停止过对汉王朝的骚扰，"往往入盗于汉边，不可胜数"，"孝文帝十四年，匈奴单于十四万骑，入朝那、萧关，杀北地都尉印，虏人民畜产甚多"。（见《史记·匈奴列传》）

面对匈奴奴隶主的这种掠扰，汉文帝、汉景帝时期曾多次予以回击。如汉文帝后元六年（前158年）就以中大夫令免为车骑将军、苏意为将军、张武为将军，屯飞狐、句注、北地，坚守以备胡（见《汉书·文帝纪》），修缮了秦时所筑长城。从长安至长城沿线，设置了许多烽火台传递军情，加强了防务，有力地抗击了匈奴奴隶主的袭扰。之后，文、景二帝采纳了贾谊、晁错等人的意见，逐步平定了汉初分封诸王的叛乱和奴隶主残余势力的复辟活动，政权开始巩固下来。

汉武帝是一个继秦始皇统一之后，把封建专制国家进一步巩固下来的重要人物。他对掠夺成性的匈奴奴隶主早有戒备，并准备给以坚决的回击。在他即位的第七年元光元年（前134年）就派了"卫尉李广为骁骑将军屯云中，中尉程不识为车骑将军屯雁门"（见

《汉书·武帝纪》）。但是，到了元朔年间，匈奴不断入辽西、上谷、渔阳杀掠吏民，武帝命卫青、霍去病统兵大破匈奴。为了有效地阻止匈奴奴隶主的突然袭击，除了抗击之外，必须要加强经常的防御工事。修筑长城以抗匈奴，是秦始皇时即已行之有效的办法。因此，在收复了被匈奴侵占的土地之后，首先是把秦始皇时所修长城加以修缮。《史记·匈奴列传》上记载，元朔二年（前127年），"汉遂取河南地、筑朔方，复缮故秦时蒙恬所为塞，因河为固"。这是武帝初期的情况。

汉武帝不仅修缮秦城，而且新筑长城。长城工程规模的宏大，更远出秦始皇长城之上。武帝主要建筑的是河西走廊的长城。《史记·大宛列传》："汉始筑令居以西，初置酒泉郡，以通西北国。"这是自元狩中开始从甘肃的永登（古令居）筑长城至酒泉。元狩二年（前121年），武帝令骠骑将军霍去病出陇西，击破匈奴，匈奴的昆邪王杀休屠王，并率4万人来降，武帝以河西地置武威、酒泉两郡。从那时开始了河西长城的建筑。

《史记·大宛列传》又记武帝元鼎六年（前111年）令从骠侯赵破奴破匈奴，"于是酒泉列亭障至玉门矣"。这一年还完成了张掖、敦煌两郡的建置。太初四年（前101年）又从玉门以西，"列亭障至盐泽"（今新疆罗布泊），前后不到10年的时间，2000多里

长的河西长城即告完成。"自敦煌至辽东一万一千五百余里，乘塞列燧。"（见汉武帝时赵充国《屯田奏》）

汉武帝更进一步发展和改进了长城的布局，建筑了许多亭障、列城，把长城内外的广大地区有机地构成一个防御工程体系。即在相隔一定的距离，择险要地形，修筑列城、城障，以烽燧相连。《汉书·武帝纪》上载，"太初元年（前104年）夏五月，遣因杅将军公孙敖筑塞外受降城"，"三年（前102年）夏，遣光禄勋徐自为筑五原塞外列城"。关于这些列城的位置，《汉书·地理志》"五原郡稒阳县"下注云：自"五原郡稒阳，北出石门障，得光禄城，又西得支就城，又西北得头曼城，又西北得虏河城，又西得宿虏城"。这些列城远出于黄河河套以北燕然山脉之下。一本唐代的地理书《括地志》上记载："汉居延故城，有遮虏障。"从《汉书·李广传》上有"出遮虏障……从浞野侯赵破奴故道抵受降城休士"的记载，可知受降城也在今居延海以北很远的地方。

为了抗击匈奴的掠扰，发展西域诸属国的生产，保护通往西方的交通干道，武帝时又开始了从敦煌、楼兰以西列城、烽燧的修筑。

汉昭帝继武帝执行了抗击匈奴的路线，"元凤元年（前80年），匈奴发左右部二万骑为四队，并入边为寇；汉兵追之，斩首获虏九千人，生得瓯脱王，汉无所失亡"。于是匈奴"即西北远去，不敢南逐水草。发人民屯瓯脱"（见《资治通鉴》）。昭帝还修筑了东段长城，发民屯垦，于"元凤六年（前75年）春正月，募郡国徒筑辽东玄菟城"（见《汉书·昭帝纪》）。

汉宣帝继武帝、昭帝以后继续筑城屯戍，使西域诸属国生产得到进一步的发展。地节三年（前67年）派侍郎郑吉在渠犁筑城屯田，神爵二年（前60年）以郑吉为都护使西域骑都尉，设置西域都护府于乌垒城，以管理西域乌孙、大宛、康居、桃槐、疏勒、无雷等三十六属国，甘露元年（前53年）乌孙内部争夺王位，乌就屠自立为昆弥，宣帝特下诏书"立元贵靡为大昆弥，乌就屠为小昆弥……遣长罗侯将三校屯赤谷"（见《资治通鉴》）。这一事件在居延所发现的一根汉简中正好得到证明。简上的文字如下：

　　　　皇帝陛下，车骑将军下诏书曰：乌孙小昆弥乌……（以下应是就屠……）

　　以后西域属国发展为五十，"自译长至将相侯王，皆佩汉印绶，凡三百七十六人"。

　　自是西汉长城、亭障、列城、烽燧西起大宛贰师城、赤谷城，经龟兹、焉耆、车师、居延，沿着燕然山、庐朐河达于黑龙江北岸，构成了一道城堡相连、烽火相望的防线。

汉代的亭障、烽燧不仅沿着北方修筑，而且从首都长安到全国各重要地区都修筑了许多亭障、烽堠与之相连。如东汉初年即专门派杜茂、马成大量调用士卒，从西河（今山西离石）至渭桥（今陕西咸阳东）、河上（今陕西高陵）至安邑（今山西安邑）、太原至井陉、中山至邺（今河北临漳），各处都修筑起堡垒、烽火台，十里一堠，构成了一个坚固的防御工程体系。这一防御工程对于汉王朝的巩固，对于西、北领土和中原地区人民生产生活的安全保障都起了积极的作用。"是时，汉边郡烽火候望精明，匈奴为边寇者少利。"（见《汉书·匈奴传》）是后，匈奴远遁，而漠南无王庭了。

这些汉代长城、亭障、烽燧、列城的遗址在我国新疆、甘肃、宁夏、内蒙古以及河北、山西等省自治区随处都可见到。

屯田，是发展生产积极备战政策的一个重要组成部分。它与长城的修筑密切相关。自秦始皇筑长城，设郡，徙民实边，已经开创了这一制度。汉承秦制，西汉诸帝也都大力推行筑城、屯田、徙民实边的政策。特别是汉武帝、汉昭帝和汉宣帝时期，采纳了桑弘羊、晁错、赵充国等人的建议，进一步发展了秦始皇徙民实边的政策，大力开展屯田。在长城、亭障防守地带以及荒壁地区，以守防士卒和移民共同开垦田地，兴修水利，进行耕作备战。武帝征和中，桑弘羊在《屯田奏》上说："故轮台以东，捷枝、渠犁皆故国……臣愚以为可遣屯田卒，诣轮台以东……种五谷……益垦灌田，稍筑列亭连城而西，……严敕太守都尉，明烽火，选士马，谨斥候，蓄茭草。"

晁错更详细地分析了匈奴的扰掠特点，必须高筑城，深挖沟，加强防备，才能战而胜之。晁错说，胡人"往来转徙，时至时去，此胡人之生业，而中国之所以离南亩也。……陛下幸忧边境，遣将吏发卒以治塞，甚大惠也。然令远方之卒守塞，一岁而更，不知胡人之能，不如选常居者，家室田作，且以备之。以便为之高城深堑，具蔺石（即

滚石），布渠答（铁蒺藜）……以陛下之时，徙民实边，使远方无屯戍之事"。"上从其言，募民徙塞下。"（见《汉书·晁错传》）

赵充国是汉武帝时期几次远逐匈奴的大将，极力主张筑城备防，屯田以济费。在他所上的《屯田奏》上说："便兵弩、饬斗具、烽火幸通，势及并力，以逸待劳，兵之力者也。臣愚以为屯田内有亡费之力，外有守御之备。……匈奴不可不备，乌桓不可不忧。"汉武帝两从其计，筑城设防和屯田的建议都采纳了。

汉昭帝进一步实现了桑弘羊的筑城、屯田政策。他即位的头半年"后元二年（前87年）冬，匈奴入朔方，杀略

吏民"，于是立郡"发军屯西河"（见
《汉书·昭帝纪》）。"始元二年（前
85年）冬，发习战射士诣朔方，调故吏
将屯田张掖郡。""元凤元年（前80
年）……发人民屯瓯脱。"（均见《汉
书·昭帝纪》）

　　宣帝时期更发展了汉武以来的西
域屯田，在西域诸属国的中部地区于神
爵三年（前59年）设立了西域都护（都
护府治乌垒城，遗址在今新疆轮台县境
内），以管理当时五十属国的行政事务
和屯田工作，于是西域屯田便大力发展
起来。除鄯善、车师、轮台、渠犁等主
要地点外，乌孙的赤谷城也是重要的屯
田地区。在设都护以前，在汉武帝时这
里已设置过使者校尉领护，并已有了城

障、烽燧和防守官吏。在居延发现的汉
简中有一条简上证明了这一事实：

元康四年（前62年）二月己未
朔乙亥，使护鄯善以西校尉吉、付
卫司马富昌、承庆、都尉寅重郎。
（见1959年中国科学院编《居延汉
简甲编》释文第29页）

另外还有一条竹简上记载了派一
个有经验的官吏孝里大夫到居延屯田的
事情。简上说：

诣居延为田，谨遣故吏孝里
大夫□□□。

从以上的事实中不难看出，筑城设防、屯田、移民实边、设郡置吏等是同时并行的发展生产措施和备战措施。下面的记载中，说明了四者之间不可分割的联系：

　　　　初置酒泉郡，后稍发徙民充实之，分置武威、张掖、敦煌，列四郡，据两关焉。……自敦煌西至盐泽，往往起亭。而轮台、渠犁皆有田卒数百人，置使者校尉领护。（见《汉书·西域传》）

　　由于西汉大力推行屯田的结果，西域诸属国逐渐发达起来，属国国王已受汉王朝正式加封，官秩和汉官一样。

汉光武建武五年（29年）正式立莎车王康为"汉莎车建功怀德王、西域大都尉……十七年（41年）赐汉大将军印绶"。（见《汉书·西域传》）

汉以后的各个朝代，对西域属国的管理更为加强。在敦煌附近发现的木简中有一条记载：

> 晋守侍中大都尉、奉晋大侯、亲晋王，鄯善、焉耆、龟兹、疏勒、于阗王写下诏书到。（见《流沙坠简补遗》第三、第四简）

从这一木简上可看出，西域属国

国王已成为晋朝的武官，他们守戍着这一地区的长城亭障、烽燧，行使行政管理的职务。

秦、汉屯田为抗击匈奴，巩固防务提供了物质条件；曹操屯田，充实了曹魏的实力，为晋的统一全国打下了物质基础。以后各代除了军屯外，还有民屯。屯田对全国各荒僻地区的开发、生产的发展都起了积极的作用，追溯其源与万里长城的修筑是分不开的。

西汉（主要是汉武帝时期）所筑河西长城、亭障、列城、烽燧，有力地阻止匈奴的进犯，对发展西域诸属国的农牧业生产，促进社会的进步，特别是对打通与西方国家的交通，发展同欧亚各国的经济贸易、文化交流起了重大的作用。两千年前中国的丝织品即通过这条"丝绸之路"经康居、安息、叙利亚而达于地中海沿岸各国的，在国际市场上享有很高的声誉。这条"丝绸之路"从长安出发远及两万多里，其中汉王朝管辖的地区就有1万里以上。当时分作南北两路：南路从敦煌经楼兰（即鄯善，今若羌东北）、于阗（今和田）、莎车、疏勒（今喀什）、桃槐、贵山城（今乌兹别克斯坦卡散赛）、贰师城（今哈萨克斯坦境内）而达大月氏（今哈萨克斯坦阿姆河流域中部）、安息（即波斯，今伊朗），再往西达于条支（今伊拉克）、大秦（即罗马帝国，今地中海东部一带）。北路从敦煌经车师前王延（今吐鲁番）、焉耆、龟兹

（今库车）在疏勒（今喀什）与南路相合。就在这条东起武威、居延（今额济纳旗），西至疏勒以西，中国境内的万里古路上，两千多年前汉代修筑的长城、亭障、列城、烽燧的遗址，至今巍然耸立。从这些遗址及古墓葬之中，曾发现了自西汉以来的许多木简、丝帛文书、印章和丝织品。当时西方国家的毛织品、葡萄、瓜果等也沿着这条"丝绸之路"万里长途输入到长安和东南郡县；文化艺术通过这条大道也得到了交流。这条大道上的长城、亭障、列城、烽燧正是起到了保护这一条漫长的国际交通干道安全的作用。

南北朝至元代的长城

　　我国自古是一个多民族的国家，除汉族以外，在长期的封建社会中，有许多个少数民族的王朝统治着中国。从南北朝开始，统治中国北部地区的先后有北魏、东魏、西魏、北齐、北周，此外还有十六国的前燕、前秦等少数民族也统治着部分地区。以后的辽、金、元、清等朝代，统治的范围更大，元和清两代统治了全国。这些少数民族的统治者，当他们统治了在经济文化上比较发达、以农业生产为主的地区以后，为了防止其他少数民族的骚扰，也不断修筑长城。从南北朝到元这一时期的长城，大都是少数民族统治的王朝所修筑的。北魏、北齐和金代修筑长城的工程规模都不小。

北魏长城 北魏王朝统治了黄河流域北部的广大地区。北魏王朝的统治者原为鲜卑拓跋部，本来是以游牧骑射为生，但在统治了以农业生产为主的中原地区之后，进入了封建社会经济，国力一时强大。这时在王朝的北部有另一支强大的游牧民族柔然和东北部的契丹族，他们仍处于奴隶社会阶段，奴隶主贵族不时南下扰掠。因此，北魏仍然采用了秦汉时期防御匈奴的办法，修筑长城。据《魏书·明元帝纪》上记载：明元帝泰常八年（423年）筑长城于长川之南，起自赤城（今河北赤城县），西至五原（今内蒙古自治区五原县），延袤二千余里。又在太平真君七年（446年）发四州十万人，筑畿上塞围，起上谷，西至于河，广袤皆千里。即从现在北京居庸关，向南至灵丘，再向西经平型、北楼、雁门、宁武、偏头诸关而达山西河曲县。当时把这道长城称为畿上塞围，是因为它环绕于首都大同的南面，用它来保卫首都之意。

东魏长城 534年，高欢立元善见为魏孝静帝，孝武帝投奔宇文泰，从此北魏王朝分作东、西魏。东魏东迁于邺后，曾修筑长城，《资治通鉴》上载：东魏武定七年（549年），高欢筑长城于肆州北山，西自马陵（今山西静乐县），东至土墙（今山西原平），四十日而罢。东魏长城长度只有150里，这时已是东魏王朝覆灭的前一年，已无力对长城进行较大的修筑了。

北齐长城 550年，高洋灭东魏，是为北齐，据有现今河北、河南、山西、山东等地的大片领土。它的北方有突厥、柔然、契丹等游牧民族的威胁，西边又有北周政权的对峙。为了防御，北齐便大筑长城。据《北史》记载，北齐天保三年（552年），自西河总秦戍（大同西北）筑长城，东至于渤海（今河北山海关区）。天保六年（555年）皇帝下诏，征发180万人修筑长城，自幽州夏口（今北京居庸关南口）始，西至恒州（今大同）900余里。天统元年（565年）自库堆戍东距海2000余里间，凡有险要，堑山筑城，断谷起障。《北史》上记载，齐前后修筑长城东西凡3000余里，60里设一戍，并在险要地方设置州、镇凡25处，用以驻兵防守。并在天保八年（557年）初，于长城内筑重城，自库络拔（今大同西南）至坞纥戍（平型关东北），长400余里。天统元年（565年）又把坞纥戍的重城向东伸延至居庸关与外城相接合。

此外，为了防御北周，还修筑了南北向的长城，《资治通鉴》上记载，北齐河清二年（563年）诏令司空斛律光督步骑二万，筑勋掌城于轵关西（今河南济源），仍筑长城二百里。即今尤关、广昌、阜平之间的长城。

北周长城　557年北周灭掉西魏，

据有河北、山西、山东等地。为了防御北方突厥、契丹等，把西魏原来的北部长城加以修缮。《北周书》上记载：后周静帝大象元年（579年），征发山东诸州人民修长城，自雁门关至碣石。不久北周亡，长城修筑工程不大。

隋长城 581年，隋文帝杨坚统一了南北，结束了自东汉末年以来400年间封建割据的局面，为了防御突厥、契丹、吐谷浑等，也多次征发大批劳力修筑长城。根据历史记载共修长城7次。如《隋书》记载：开皇三年（583年）命崔仲方发丁三万于朔方，灵武筑长城，东至黄河，西拒绥州，南至勃出岭，绵亘七百里。明年复令仲方发丁十万，于朔方以东，缘边险要，筑数十城以遏胡。大业三年（607年）发丁男百余万筑长城，西距榆林，东至紫河（在大同西北），二旬而罢。四年（608年）发丁二十余万筑长城，自榆林谷而东。隋代对长城的修筑虽然次数很多，有时征发劳力也很大，但是大多是就原有内部长城加以修缮，没有很多的增筑新修，较之秦、汉长城的工程，相差甚远。

唐、宋、辽时期，长城的修筑工程规模较小，唐、宋时期几乎处在停息阶段。其原因是唐代北方大破突厥，版图所辖远出大漠，设北庭、西域都护府管理西北广大地区，长城已经失去了作用。宋朝虽然统一了中原，但是北部又有辽、金的对峙，所辖范围已在原来秦、汉、北朝长城的南面，原来的长城已在辽、金境内，只是在宋初太平兴国四年（979年）命潘美、梁回在雁门、句注之间修筑了一些城堡用以警备辽的南进。为时不久宋王朝势力又退到长江以南，更谈不到长城的修筑了。辽代对长城工程也经营不多，据《宏简录·李俨传》上记载，辽清宁四年（1058年）在鸭子河与混同江之间修筑了一段长城，规模不大。

金代长城 1115年，我国东北一支女真族建立了金王朝，先后灭掉了辽和宋。它的西北与蒙古相界，为了防御，曾大筑长城，规模之大超过了秦汉以后至金的各代长城。据历史文献记载，金代长城有两道，一是明昌旧城，二是明昌新城。

明昌旧城过去曾被称为兀术长城或是金源边堡，在新城之北，据《黑龙江省志》记载："呼伦县北二十里，根河之南，有城东端起乌兰哈达之北，西行百三十里，沿海拉图山脉，迳博克多博克伦，北折而西，沿额尔古纳河岸，二百二十里，至煖水河而尽。"这段长城的位置，约在今黑龙江省兴安岭西北黑龙江沿岸，长达千里，即800年前金为防御蒙古而修筑的。

明昌新城也是为防御蒙古而筑，远在明昌旧城之内，又称之为金内长城、金濠堑、边堡等，西起静州（今黄河河套地带），东达混同江畔（今黑龙江省松花江），经陕西、山西、河北、内蒙古、辽宁、黑龙江等省市，长达3000多里。

元代版图地跨欧亚，远出长城以北很远的地方，而且统治者本身原来就是长城以北的游牧民族，长城对他们来说，意义不大。但是为了防止汉族和其他各族人民的起义反抗，检查过往客商，也对许多关隘险处加以修缮，设兵把守。

明代万里长城

明朝在灭掉元朝以后，原来的统治者蒙古贵族逃回旧地，仍然不断南下骚扰掠夺。同时在东北又有女真的兴起，为了防御蒙古、女真等游牧民族贵族的扰掠，明代十分重视北方的防务。明太祖朱元璋原是一个农民起义的领袖，对于攻打城池曾经有过亲身的体会，当他已经取得天下的时候，为了巩固其统治，十分重视筑城设防的措施。原来，在朱元璋即将统一全国的时候，就采纳了休宁人朱升"高筑墙、广积粮、缓称王"的建议。高筑墙就是筑城设防备战之意。因此，明朝不仅对全国各州府县的城墙都修筑得十分坚固，全部用砖包砌，而且对长城的修筑工程更为浩大，在明朝200多年的统治中，几乎一直没有停止过对长城的修筑和巩固长城的防务。明朝长城工程之大，自秦皇、汉武之后，没有一个朝代能够与之相比，工程技术也有了很大的改进，结构更加坚固，防御的作用也更大了。我们可以这样说，万里长城这项从春秋战国时期开始修筑，经秦始皇连成一气的伟大工程，到明朝才完成。

明朝的军事防御工程，不仅是长城，而且在东北、西北和东南沿海以及全国各地都设置了军事机构，修筑了城防、关隘。远出万里长城山海关以北3000多里的特林地区设立了奴儿干都司，行使军事和民政权力。远出嘉峪关西北数千里的哈密、沙洲、吐鲁番等地设立了卫所等军事和民政机构，管理那里的军事和民政事务。这些城防、关隘、都司、卫所与万里长城同属明朝的防御工程体系。

明朝还在重要的关隘处，特别是

在当时的京城——北京的北面居庸关、山海关、雁门关一带修筑了好几重城墙，多的达到20多重。并在长城南北设立了许多堡城、烟墩（烽火台）用来瞭望敌况，传递军情。正德年间（1506—1521年）在宣府、大同一带修筑了烽堠3000多所。

戚继光任蓟镇总兵时又在山海关至居庸关长城线上修筑墩台1000多座。这些烽堠、墩台与长城南北的许多城防、关隘、都司、卫所等防御工程和军事机构共同构成一道城堡相连、烽火相望的万里防线。

由于朱元璋曾接受了朱升"高筑墙"的建议，在他正式建国号的第一年——洪武元年（1368年）就派大将军徐达修筑居庸关等处长城。洪武十四年（1381年），又修筑山海关等处长城，到万历二十八年（1600年）前后经过了200多年的时间才基本完成了万里长城的修筑工程。而一些个别的城堡关城，到明末也一直还在修筑。这一东起鸭绿江，西达嘉峪关，全长1.46万多里的长城，其中，从山海关到鸭绿江这一段长城，由于工程比较简单，毁坏较为严重。而从山海关到嘉峪关这一段工程较为坚固，保存较为完整。又因有两个关城东西对峙，所以长期以来就一般被误称为东起山海关、西到嘉峪关的万里长城了。

为了加强长城的防务和指挥调遣长城沿线的兵力，同时便于经常修缮长城关隘，明代把长城沿线划分成9个防守区段，称之为"九边"，每边设镇守（总兵官），谓之"九边九镇"。"九边九镇"之外，为了加强京城的防务和保护帝陵（今明十三陵），于嘉靖三十年（1551年）又在北京的西北增设了昌镇和真保镇，共为11镇，构成了"九边十一镇"的防御体系布局。

十一镇总兵驻地、分别管辖的长城范围如下：

辽东镇 总兵驻广宁（今辽宁北镇）。管辖的长城东起丹东附近的鸭绿江畔，西至山海关，全长970余公里。

蓟镇 总兵驻三屯营（今河北迁西）。管辖的长城东起山海关，西至慕田峪（今北京怀柔区境），全长880余公里。

昌镇 总兵驻地昌平，是为了加强王朝首都和帝陵（今明十三陵）的防务而从原蓟镇中增设的。管辖的长城东起慕田峪，西至紫荆关，全长230公里。

真保镇 总兵驻地保定，是为了加强王朝首都的防务而增设的。管辖的长城北起紫荆关，南至故关，全长390公里。

宣府镇 总兵驻宣化。管辖的长城东起居庸关，西至西洋河（今山西大同东北），全长511余公里。

大同镇 总兵驻大同。管辖的长城东起镇口台（今山西天镇东北），西至鸦角山（今山西偏关东北），全长

335公里。

太原镇 也称山西镇，总兵驻偏关。管辖的长城西起保德、河曲的黄河岸边，从偏关、老营堡、宁武关、雁门关、平型关、龙泉关、固关而达黄榆岭，全长800余公里。因为此镇在大同、宣府两镇长城之内，所以又把这一线长城称作内长城。此线长城多石墙，有的地方的石墙多达20多重。

延绥镇 也称榆林镇，总兵驻榆林。管辖的长城东起黄甫川（今陕西府谷境内），西至花马池（在今宁夏盐池县），全长885公里。

宁夏镇 总兵驻银川。管辖的长城东起大盐池（今宁夏盐池县境内），西至兰州，全长约1000公里。

固原镇 总兵驻固原。管辖的长城东起靖边与榆林镇长城相接，西至皋兰与甘肃镇长城相接，全长约500公里。

甘肃镇 总兵驻张掖。管辖的长城东起兰县（今兰州），西至嘉峪关祁连山下，全长约800公里。

以上"九边十一镇"的长城，长度共计7300多公里，全线防守官兵计97.66多万名。由于明长城各镇的管辖范围和官兵名额时有变化，以上统计只是一个时间段内的数字。长城的长度也只是一些文献上的记载，除了相连贯的干线长城之外，还有一些个别段落，如湖南、贵州交界处，甘肃南部等地都分别修筑过数百公里的长城，加上重墙、关城等，实际的长度远不止此。就以北京地区的长城来说，原来只知是300多公里，最近以空中遥感方法调查，发现了更多的遗址，长度已达628公里，较之原来增加了一倍。其余地区的长城的长度，也可想而知了。

明长城的防御工事，分作镇城（镇守或总兵驻地）、路城、卫所城、关城、堡城、城墙、墙台、敌台、烟墩（烽火台）等不同的等级，不同形式和不同功能的建筑物，它们相互联系、相互配合，共同组成一个完整的防御工程体系。关城尤为要害。

明长城的关口很多，每镇所辖关口多至数百，十一镇长城的关口总计在1000以上。其中著名的也有数十座。自居庸关以西，明长城分南、北两线，到山西偏关附近的老营相合，被称为内、外长城或里、外长城。里长城从居庸关西南，经河北易县、涞源、阜平而进入山西的灵丘、浑源、应县、繁峙、神池而至老营。外长城即自居庸关西北经赤城、崇礼、张家口、万全、怀安而进入山西的天镇、阳高、大同，沿内蒙古、山西交界处达于偏关、河曲。此位于河北、北京、山西、内蒙古境内的明代内、外长城是明代首都北京的西北屏障，对于防御自西北来的威胁，保卫王朝的安全与蓟镇长城同样重要。因此，长城工程亦甚雄伟坚固。关隘险口也很多，著名的内、外三关即长城线上的6个重要关口。靠近当时首都北京的居庸关、倒马关、紫荆关是为"内三关"。自此往西的雁门关、宁武关、偏头关是为"外三关"。这内、外三关成了明王朝保卫京师和东南地区的重要险阻，经常派重兵把守。

注释：

①江是小而弱的诸侯国，在今河南安阳。到了楚穆王三年（前623年）还是被楚灭了。

②平中，晋地。

③陶山，王念孙以为即阴山。

出版说明

"新编历史小丛书"承自20世纪60年代吴晗策划的"中国历史小丛书",其中不少名家名作已经是垂之经典的作品,一些措辞亦有写作伊初的时代特征。为了保持其原有版本风貌,再版过程中不做现代汉语的规范化统一,读者阅读时亦可从中体会到语言变化的规律。

"新编历史小丛书"编委会

图书在版编目（CIP）数据

长城史话 / 罗哲文著. —— 贵阳：贵州人民出版社，
2023.12
（新编历史小丛书. 史话）
ISBN 978-7-221-18093-3

Ⅰ. ①长… Ⅱ. ①罗… Ⅲ. ①长城 – 历史 – 通俗读物
Ⅳ. ①K928.77-49

中国国家版本馆CIP数据核字(2023)第211079号

新编历史小丛书·史话
长城史话
CHANGCHENG SHIHUA

罗哲文 ◎著

出 版 人	朱文迅	
责任编辑	欧杨雅兰	
装帧设计	陈　电	
责任印制	蔡继磊	

出版发行　北京出版集团　文津出版社
　　　　　贵州出版集团　贵州人民出版社
地　　址　贵阳市观山湖区中天会展城会展东路SOHO公寓A座
印　　刷　贵州新华印务有限责任公司
版　　次　2024年2月第1版
印　　次　2024年2月第1次印刷
开　　本　880 mm×1230 mm　1/32
印　　张　4.5
字　　数　39千字
书　　号　ISBN 978-7-221-18093-3
定　　价　24.80元